¡No pierdas lo que Dios tiene para ti!

Dios
Hace
Espacio

Recibe su Bendición, Prosperidad y más.

Copyright © 2021 William Medina

All rights reserved.

ISBN: 9798764672274

LO MAS DIFICIL

Una de las cosas más difíciles que a la gente le cuesta aceptar es el hecho de que hay más, que Dios tiene más para ellos.

Puede ser que piensen que Dios los ha olvidado.

Pueden asumir que es demasiado tarde. Son demasiado viejos, demasiado avanzados en la vida y perdieron la oportunidad que Dios tenía para ellos.

También puede ser que crean que han cometido demasiados errores. ¿Cómo puede Dios usarme? Mira lo que he hecho.

A veces, me he encontrado pensando en esas cosas. Dejo que mi necedad, mi codicia, mi pereza, mis faltas me impidan recibir lo que Dios tenía reservado para mí. No es la envidia o la codicia lo que me hace pensar:

"Debería estar haciendo más en el Señor", o

"Si tan solo ... podría haber hecho mucho más con mi vida".

Llega un momento. Todos lo hacemos. Pensamos y sentimos

que nos perdimos la bendición de Dios.

Dios quiere que sepas que no es así. Dios te está preparando un lugar.

Dios todavía tiene planes para ti. Con Dios, nunca es demasiado tarde. En Dios no hay imposible, porque nada es imposible para Dios.

No pierdas lo que Dios tiene para ti, porque decidiste rendirte, rendirte, rendirte a la creencia de que esto es todo lo que hay. ¡No! Dios tiene más para ti.

En la Biblia, Jesús dice toca y se abrirá. Dijo busca y encontrarás. Pedid y se os dará. Jesús incluso compartió una parábola de una viuda que no se daría por vencida, ella no se rendiría: iba todos los días al juez en busca de justicia.

Finalmente, el juez le dio lo que quería solo para hacerla feliz. ¿Cuánto más quiere hacer Dios nuestro Padre celestial por nosotros?

Dios hace espacio para ti, está haciendo un lugar para Ud. Como dijo David en los Salmos: Él me prepara una mesa ... en esa mesa hay un asiento, un asiento para ti.

VEN, DIOS HACE ESPACIO PARA TI.

Me gustaría comenzar hablando de un hábito interesante que tiene mi esposa. Estoy bastante seguro de que ella no es la única que hace esto, pero es más fácil para mí hablar contigo sobre algo que Ud. haces mientras te distraigo, señalando a mi esposa.

Como dije, mi esposa tiene un hábito interesante. De vez en cuando, mientras limpia la casa, comienza a deshacerse de las cosas – a botar cosas. Ella dice que es para ordenar, hacer espacio y deshacerse de las cosas que no necesitamos o usamos.

He notado que generalmente ella se está deshaciendo de mis cosas o cosas que yo quiero conservar y guardar, pero eso es otro mensaje.

Entonces, lo que ella hace es recorrer la casa desechando todo lo que ella cree que es inútil, basura o está ocupando el espacio que tanto necesitamos.

En el inglés se llama "Declutter"

Despejar: eliminar elementos innecesarios de un lugar desordenado o superpoblado.

La parte que me parece gracioso es que a veces se deshace de las cosas simplemente porque estaba ocupando espacio.

Es decir. Ella mira a una esquina de la casa, ve una mesa, una planta y algunas cosas más y decide que necesitamos limpiar ese espacio. Como necesitamos espacio, ella comienza a mover o deshacerse de las cosas que están ahí.

Después de que haya hecho espacio, el espacio está vacío, ahora hay espacio para andar, se hace más fácil para limpiar y ya decidimos que es "necesario" que ese espacio este vacío. Eso era el plan de botar la mesa, mover la planta y etcétera. Después de todo eso, ella comienza a llenar ese mismo espacio con algo porque ahora el espacio no se ve bien vacío.

Lo que más me molesta es cuando ella se deshace de las cosas solo para comprar algo igual a lo que termino de botar para llenar ese mismo espacio.

Oh, hemos tenido largas discusiones sobre cómo yo creo que su limpieza y su idea de "hacer" espacio, es solo una excusa para ella comprar más cosas.

Pero eso también es un mensaje para otro día.

Digo todo esto porque encontrarás que Ud. y yo pasamos toda nuestra vida "haciendo espacio".

Hacemos espacio, compramos una casa o la rentamos, para las cosas que compramos: el sofá irá aquí y la televisión allá.

Hacemos espacio en nuestros corazones para las personas que amamos, como amigos y familia.

Hacemos espacio - espacio en nuestro tiempo, para nuestros cónyuges, hijos e incluso hasta para el gato hacemos espacio.

Hacemos espacio, un lugar donde podemos ir cuando queremos escapar y alejarnos de todas las personas que tanto amamos.

¡Hasta hacemos espacio para nuestra "basura"! ¿No me crees? Solo mire en su garaje y entenderá, hay un espacio para el cubo de la basura.

Hacemos espacio para muchas cosas ...

Si miramos de cerca, también encontraremos que Dios está haciendo espacio.

UNA MESA DELANTE DE MÍ

Salmos 23:5 Aderezas mesa delante de mí en presencia de mis angustiadores; Unges mi cabeza con aceite; mi copa está rebosando.

Ha habido muchos que han predicado sobre este solo verso, así como sobre el Salmo completo. Puede ser que pienses "lo he escuchado todo antes".

Pero, me gustaría usar este texto para resaltar tres puntos. Quiero comenzar mi mensaje dividiendo el texto en tres partes.

1. Aderezas mesa delante de mí en presencia de mis angustiadores;

Cuando leemos este versículo la mayoría de las personas les gusta enfocarse en la mesa: Dios preparó "una mesa". La "mesa" representa la protección de Dios, la provisión de Dios; es todo lo que llamaríamos una bendición. Dios ha preparado una mesa, un lugar, "darte cuenta" - un espacio para mi bendición.

Dios prepara una mesa en presencia de mis enemigos, eso es

tan asombroso, Dios es tan bueno.

Pero también quiero señalar que Dios también tiene un propósito, un plan y un uso para tus enemigos.

¿Alguna vez te has preguntado: ¿por qué Dios permite que sucedan cosas malas?

Yo creo, solo mi opinión. Yo creo que una de las razones por las que Dios estableció la nación de Israel en un lugar donde están rodeados por todos sus enemigos es porque Dios quiere glorificarse a sí mismo.

Dios te pondrá en un lugar donde Ud., el enemigo y el mundo; verá que es Dios quien tiene el control.

El enemigo no es lo suficientemente fuerte, no es mi fuerza lo que me mantiene seguro, es Dios. ¡Dios tiene el poder, la autoridad, el dominio!

Es Dios, quien hace un camino donde no hay camino. Es Dios el quien prepara un lugar, un espacio, una mesa como dice el salmista. Donde el señor proporciona descanso, protección, sustento. Dios pone un seto a tu alrededor donde el enemigo no puede alcanzarte o tocarte.

Ahora eso si suena bien. Cantamos alabanzas a Dios por sus muchas bendiciones.

Pero también quiero que te des cuenta de que Dios también usó a los enemigos de Israel para castigarlos.

Un buen padre, un padre que ama a sus hijos los corregirá. No detiene la vara.

Al igual que Israel, nosotros a menudo nos olvidamos de

Dios. Tendemos a pensar que cuando las cosas están bien, no necesitamos a Dios.

No necesito lo que me das, yo quiero lo que ellos tienen. Quiero lo que mi enemigo ofrece.

No puedes decirme qué hacer, Yo hago lo que quiero hacer. Quiero hacer lo que mi enemigo me dice que haga.

No quiero depender de ti porque sería mejor si dependiera de mi propia fuerza, porque así - puedo hacer las cosas a mi manera.

Cada vez que el pueblo de Dios se olvidaba de Dios, se apartaba de Dios: se movían desde detrás de la mesa, ese espacio que Dios les había proporcionado y se metían en medio de sus enemigos.

La Biblia dice que "Dios usó a los enemigos de Israel" para castigarlos y que algo extraño sucede cuando Dios hace esto. El enemigo comienza a golpearlos, abusarlos y aterrorizar al pueblo de Dios.

Era tan malo que el pueblo de Dios clamo a Dios: ¡ayúdanos! ¡Rescátanos!
¡Sálvanos!

Es interesante porque eso también es lo que la mayoría de la gente hace hoy en día.

Jesús dijo:

Mateo 11:28 Venid a mí todos los que estáis trabajados y cargados, y yo os haré descansar.

A veces Dios permite que sucedan cosas malas porque hasta

que no estemos cansados del pecado, cansados de ser maltratados por el mundo, golpeados por el diablo.

Hasta que nos demos cuenta de que necesitamos a Dios.

Que este vacío, este dolor, este sufrimiento solo pueden ser reparados; solo podemos ser rescatados, solo podemos ser salvos, cuando reconocemos que lo necesitamos y le clamamos.

Hasta entonces, no escucharemos realmente lo que Dios está diciendo: "Venid a mi"

Tengo un lugar; Te hice espacio en la mesa.

Ven, tengo un lugar de descanso, de paz, de ayuda.

Cuando estéis cansado de pecar, cansado del mundo, cansado de los juegos que el diablo está jugando contigo ...

"Venid a mí"

Es interesante cómo Dios está en control de todo. Dios incluso usa al enemigo para cumplir su voluntad. Dios posicionará las cosas donde deben estar.
Dios está moviendo cosas, poniendo las cosas en orden ...

Salmos 119:133 Ordena mis pasos con tu palabra, Y ninguna iniquidad se enseñoree de mí.

Salmos 37:23 Por Jehová son ordenados los pasos del hombre, Y él aprueba su camino.

Es Dios que abre caminos. Es Dios que abre puertas.
Es Dios que da corrección cuando es necesario.

Es Dios que bendice para que mi fe crezca, mi amor por él se aumenta… Es Dios que prepara una mesa – un lugar, un espacio para mí y para ti.

¿QUÉ SIGNIFICA UNGIR?

Mi segundo punto es interesante porque a muchos de nosotros nos gusta hablar sobre ser ungidos y la unción de Dios.

¿Qué significa ungir? El Salmista dice:

2. Unges mi cabeza con aceite;

Conforme a unos comentarios: Según la Biblia Judía, cada vez que alguien era ungido con el aceite de la unción santa según la ceremonia descrita en Éxodo, el Espíritu Santo descendía sobre esta persona, capacitándole para realizar un sagrado designio.

Hay dos puntos aquí que me aparecen muy interesante:

Espíritu Santo descendía sobre esta persona, capacitándole para realizar un
   diseño sagrado

  A. Espíritu Santo, capacitando para yo poder realizar

Quiero que notes que es Dios que hace espacio para ti.

Dios te unge para darte lo que necesitas para cumplir lo que Él quiere que logres.

Y déjenme decirles, que no está mal en que yo me dé cuenta de que no soy suficiente.

Pero Señor, ¿quién soy yo para que me uses? Eres mi ungido, ahora vete.
Pero Señor, no puedo hacer eso.

Te ungí para hacer el trabajo, te daré lo que necesitas. Pero Señor, no soy digno.
Tienes razón, pero Yo te ungí, Yo te cubro, hago espacio para que
pertenezcas donde no deberías.

Te puse en lugares altos, para hacer las cosas que otros dicen que no puedes o creen que no perteneces.

Te moví de lugar, hice espacio para ti - Te puse en los lugares altos. Dios dice que eres la cabeza y no la cola.
Es Dios quien nos da los dones y las habilidades que necesitamos para cumplir su voluntad.

Proverbios 18:16 La dádiva del hombre le ensancha el camino Y le lleva delante de los grandes.

Me gusta más la versión en inglés ...

Proverbs 18:16 A man's gift makes room for him, and brings him before great men.

Dios es quien nos da los dones.

Él te da el carisma, la autoridad, el talento. Sus dones nos abre puertas. Dios está haciendo espacio.

Dios está moviendo cosas, Dios causa las cosas que sucedan porque está haciendo espacio.

Pero tomemos un momento para señalar una cosa más.

B. Espíritu Santo descendía sobre esta persona, para "realizar un sagrado designio" - la palabra clave es, sagrado.

En el Antiguo Testamento, el Espíritu Santo desciende sobre la persona.

En el Nuevo Testamento, la Biblia dice que el Espíritu Santo no solo está sobre nosotros, sino que mora dentro de nosotros.

Eres un pueblo elegido: Dios te movió de la nadie a alguien.

La Biblia dice que Dios nos adoptó, a ti y a mí; ahora somos hijos de Dios.

Dios nos unge, nos llena con su Espíritu Santo: estamos consagrados, separados para el uso de Dios. Ud. perteneces a Dios.

Dios nos movió de estar en el mundo a estar en su luz maravillosa. De la oscuridad a la luz.

Y Dios dice: sed santo porque yo soy santo

1 Pedro 1:16 porque escrito está: Sed santos, porque yo soy santo.

Dios no solo está trabajando en lo externo, sino que también está trabajando en su interior, en mi corazón.

Versículo: Mateo 19:16-30 (parafraseando ... la parábola del joven rico)

Viene este joven gobernante rico a Jesús y le pregunta: ¿qué debo hacer para ser salvo?

Jesús, conociendo su corazón, le pregunta: ¿Sabes los mandamientos? El joven responde: los he seguido a todos desde mi juventud.

Jesús conociendo su corazón, sabiendo que todavía había algo en él. Algo que necesitaba ser movido porque ocupaba el primer lugar en su corazón.

Jesús dice: Pues vende todo lo que tienes, dáselo a los pobres y sígueme. Tristemente, el joven se fue porque era rico.

Es fácil concentrarse solo en el dinero, pero Dios conoce el corazón.

Hay cosas que Dios está tratando de eliminar porque está tomando el lugar de Dios en mi corazón.

Dios tiene que lidiar con eso, porque mientras esté allí, es un obstáculo.

2 Pedro 1:10 Por lo cual, hermanos, tanto más procurad hacer firme vuestra vocación y elección; porque haciendo estas cosas, no caeréis jamás.

(* Si yo tradujera la versión en inglés, dijera: examinarse a sí mismo ...)

Dios nos dice que debemos examinarnos a nosotros mismos. ¿Qué en mi vida, en mi mente, en mi corazón hay cosas que tienen prioridad sobre Dios?

No tendrás dioses ajenos delante de mí ...

¡Busca primero! Buscad primero el reino de Dios ...

Algo está en el medio, algo está ocupando espacio en mi corazón ... El salmista dijo: Él unge mi cabeza con aceite.
La unción, Dios nos equipa con lo que necesitamos para hacer su santa obra.

¿Recuerdas lo que dije? Cuando venimos a Dios, nos damos cuenta de que nosotros mismos no somos suficientes ...

Dios dice que Él se encargará de eso.

Dios está trabajando en ti y en mí, el Espíritu Santo en mí, para ayudarme, para empoderarte a ti y a mí. Para que podamos superar esas cosas.

Dios está haciendo espacio - removiendo, sacando, cambiándome, porque Dios no quiere nada entre usted y Él.

Entonces, ¿a dónde nos lleva todo esto? Déjame decirte ...

MI COPA ESTÁ

A medida que Dios trabaja en nosotros, mientras nos sometemos Dios, el Espíritu Santo nos guía, nos cambia y transforma nuestras mentes; podemos pasar al siguiente punto.

Cuando Dios comienza a trabajar en nosotros, en mi corazón, en mi mente, cambiando lo interior, es cuando Dios puede trabajar a través de nosotros.

3. Mi Copa Está Rebosando.

A algunas personas les gusta decir que la ciencia refuta la existencia de Dios.

Entonces, a pesar de eso, yo quiero usar la ciencia para ayudarme a enseñar las cosas de Dios.

Por ejemplo. Recuerde que la Biblia dice que no se puede servir a dos señores. Punto, está claro.

Es muy interesante que la ciencia dice, no yo, que dos cosas no pueden ocupar el mismo espacio. Eso es lo que dicen las leyes de la física. Que dos objetos no pueden ocupar el mismo espacio al mismo tiempo.

Quiere decir que en el espacio de mi corazón solo puede morar un señor.

Pero intentemos algo más simple. En ciencia simple tenemos algo que se llama "desplazamiento de agua".

¿Qué es el desplazamiento del agua?

Desplazamiento de agua: El volumen es una medida de la cantidad de espacio que ocupa un objeto.

Si toma una taza llena de agua y deja caer un objeto en ella, el volumen, el espacio del objeto mueve el agua fuera de ese espacio. Entonces, si la taza está llena y le agregas (añades más), el agua se desbordará.

...mi copa está rebosando...

A todos nos gusta saber que Dios nos está bendiciendo, una bendición tan grande que "no podemos contenerla".

Lo que no reconocemos es que Dios siempre está depositando, derramando o vertiéndose en nosotros.

Cuando Dios comienza a depositarse en nosotros, la "luz" disipa la oscuridad. La oscuridad tiene que moverse, la luz de Dios comienza a ocupar espacio. Dios está haciendo espacio. Entonces, somos renovados diariamente, llenos diariamente, pronto la gracia y la misericordia de Dios se desbordan en nosotros.

Es por eso que Dios nos llama a ser una luz para el mundo.

Dios te ungió, te separó y te equipa para ser luz en la oscuridad. Dios nos llama a ser sal para el mundo.

Dios te hizo sal: Dios te cura, te restaura para que puedas sanar a alguien que está herido, que está sufriendo. Lo que Dios te dio, Dios espera que lo compartas con los demás.

Dios nos dice que hagamos buenas obras para que los hombres puedan ver vuestras buenas obras y glorifiquen a Dios.

Tú eres el testimonio, el testigo, el ejemplo: mira lo que Dios puede hacer en mí. Dios puede hacer lo mismo por ti.

Dios nos llama a producir, ven trabaja en mi viña.

Jesús dijo: "Id por todo el mundo y proclama las buenas nuevas del Evangelio".

Lo que Dios derrama y deposita en nosotros, Él espera que lo compartiremos con los demás.

Dios continuamente está trabajando en ti, depositando, cambiando, renovando - vertiéndose en ti para que puedas desbordarte.

De modo que lo que Él vierte (to pour) en ti, puede extenderse, desbordarse sobre otros.

Dios está haciendo espacio, es interesante que la Biblia diga "tienes que dar, para poder recibir".

Proverbios 11:24 Hay quienes reparten, y les es añadido más; Y hay quienes retienen más de lo que es justo, pero vienen a pobreza.

Lucas 6:38 Dad, y se os dará; medida buena, apretada, remecida y rebosando darán en vuestro regazo; porque con la misma medida con que medís, os volverán a medir.

Tienes que dar para hacer espacio para recibir ...

La razón por la cual Dios no bendice a algunas personas es porque lo que Dios quiere hacer es usarlo a usted y a mí para bendecir a otras personas. Él no te dará más si todo lo que haces es acaparar (retener solo para ti) o desperdiciar lo que Dios te ha dado.

USARÁ TUS ENEMIGOS PARA GLORIFICARSE

Dios está haciendo espacio. Él está moviendo las cosas en tu vida, aplica presión y te estirará. Él usará a tus enemigos para glorificarse a Sí mismo y para atraernos hacia Él.

Él te unge, te equipa, está trabajando en ti, cambiándote, transformándote. Te pondrá en altos lugares, lugares estratégicos. Dios te levantará, te bendecirá y te llenará para que Él pueda usarnos, para El poder trabajar a través de ti.

Dios está haciendo espacio y esto es importante de entender, porque la voluntad de Dios es hacer espacio para ti.

Título: Ven, Dios hace espacio para ti.

Déjame explicar.

Dios está haciendo espacio. Dios eligió amarte a ti y a mí.
Ud. y yo estábamos en pecado, Dios odia el pecado, así que para destruir el pecado tiene que destruir el pecador.

El Alma que pecare ciertamente morirá. (dice la Biblia)

Tú y yo tenemos que pagar por nuestro pecado, pero en lugar de pagar ...
Dios derramó la sangre de su Hijo unigénito: Jesucristo.

Dios "movió" a Jesús y lo colocó en mi lugar, en mi espacio. Dios entregó a su Hijo, nadie lo tomó, se ofreció a sí mismo.

Jesús, siendo inocente, sin pecado, fue contado como pecador: pagó el precio de nuestros pecados.

Jesús tomó su lugar en la cruz.

¿Por qué Jesús tuvo que morir por mí? Porque Dios estaba haciendo espacio.

Dios transfirió a Jesús de su lugar celestial y lo puso en su lugar, en mi lugar... En haciendo esto él hizo espacio para usted, en el cielo.

Juan 3:16 Porque de tal manera amó Dios al mundo, que ha dado a su Hijo unigénito, para que todo aquel que en él cree, no se pierda, mas tenga vida eterna.

Dios hace espacio para ti.

Juan 14:2 En la casa de mi Padre muchas moradas hay; si así no fuera, yo os lo hubiera dicho; voy, pues, a preparar lugar para vosotros.

Ven, Dios hace espacio para ti. Apocalipsis 19:6-9

6 Y oí como la voz de una gran multitud, como el estruendo de muchas aguas, y como la voz de grandes truenos, que decía: !!Aleluya, porque el Señor nuestro Dios Todopoderoso reina!
7 Gocémonos y alegrémonos y démosle gloria; porque han llegado las bodas del Cordero, y su esposa se ha preparado.

8 Y a ella se le ha concedido que se vista de lino fino, limpio y resplandeciente; porque el lino fino es las acciones justas de los santos.
9 Y el ángel me dijo: Escribe: Bienaventurados los que son llamados a la cena de las bodas del Cordero. Y me dijo: Estas son palabras verdaderas de Dios.

En la versión inglés, dice:

9 And the angel said to me, "Write this: Blessed are those who are invited to the marriage supper of the Lamb." And he said to me, "These are the true words of God."

Dios me está invitando.

Dios te está invitando.

Dios ha hecho espacio, un lugar para ti en su mesa. Dios te ha dado un lugar en la eternidad con Él.

Dios dice que todo lo que tienes que hacer es aceptar su invitación. Acepta su regalo de vida eterna.

Nosotros merecemos la muerte ... Pero Dios te está diciendo: Ven... Hay perdón si lo quiere, hay paz y descanso... Ven, Dios hace espacio para ti en la eternidad.

EL SECRETO DEL ÉXITO

Proverbios 5:23 El morirá por falta de corrección, Y errará por lo inmenso de su locura.

(* Aquí "corrección" quiere decir "instrucción" , es como decir conocimiento, o sabiduría.)

Proverbios 29:18 Sin profecía el pueblo se desenfrena; Mas el que guarda la ley es bienaventurado.

(* Aquí "profecía" quiere decir "visión" - el que puede ver más allá, tiene un plan, destino, propósito, un fin preparado - y por eso no anda desenfrenadamente porque piensa antemano en lo que hace.)

Oseas 4:6 Mi pueblo fue destruido, porque le faltó conocimiento. Por cuanto desechaste el conocimiento, yo te echaré del sacerdocio; y porque olvidaste la ley de tu Dios, también yo me olvidaré de tus hijos.

(Aquí, la clave es "El Desechar" el conocimiento, rechazar - el falto de conocimiento rechazó conocimiento.)

El Secreto del Éxito

Es normal en círculos de la fe, la iglesia. Que usamos

terminologías como victoria. "Yo quiero que Dios me de la victoria." Es normal decir "Estoy orando para que Dios nos 'prospere'." Pero pocos en los círculos cristianos usan el término "Éxito". Cuando hablamos sobre progresando en la vida.

Pregunta: ¿Quién quiere fallar?

¿Quién no quiere tener éxito en la vida?

¿Quién no quiere saber el secreto del éxito?

Millones de libros, videos y escuelas han ganado miles de millones de dólares enseñando a las personas cómo tener éxito en sus vidas.

Lo primero que quiero dejar claro es que el éxito es relativo. Ahora, ¿qué quiero decir con eso?

Lo que quiero decir es que cuando digo éxito, algunos pueden pensar en términos de ser rico, poderoso y alcanzar la grandeza. Pero el éxito no es eso en absoluto.

La palabra éxito, en términos básicos, es la realización de un objetivo o propósito

Esto significa que, si su objetivo en la vida es ser una buena esposa y madre, y logra esto en su vida, eres un éxito. Tuviste éxito. Significa que si quieres convertirte en médico y puedes lograr - convertirte en un médico, eres un éxito. Tuviste éxito.

Lo que estoy tratando de decir es que el éxito es subjetivo. El éxito tampoco es un destino único. Porque me di cuenta de que un objetivo no significa que no haya otro objetivo en el horizonte.

El éxito es un viaje. El éxito es un proceso continuo porque nunca termina.

La mayoría de las personas que enseñan sobre el éxito dicen que la razón principal por la que las personas fracasan es porque quieren hacer demasiado, muy pronto, todo a la vez.

El gurú enseña que la mayoría de la gente quiere éxito hoy, quiere ir de cero a sesenta y se sienten frustrados y terminan cometiendo errores y fracasando.

Lo que los profesionales enseñan es que si quieres tener éxito necesitas establecer un objetivo: necesitas un propósito, un motivo. Lo que quieres lograr. A continuación, crea un plan que tiene pasos incrementales para llevarlo a dónde quiere ir.

¿Por qué son importantes los pasos incrementales? Porque cada vez que alcanzas un paso, logras un paso que has tenido éxito en ese paso. Ese pequeño éxito (victoria) lo motiva a seguir, lo impulsa a luchar por el siguiente paso y el próximo.

Es por eso que el éxito nunca se detiene.
El buscar más, alcanzar más - no siempre se trata de que la persona está luchando con la avaricia. No siempre se trata de no estar satisfecho.

Déjame preguntarte algo muy simple: ¿cuándo dejas de orar? ¿Cuándo es que dejas de tener fe porque no necesitas más fe?

¿Qué quiero decir con esto?

Cuando me convierto en un cristiano y acepto a Jesucristo como mi salvador, ¿es eso todo? ¿No tengo nada más que hacer?

Cuando el Pastor se convirtió en un Pastor, ¿crees Ud. que él pensó en sí mismo?

"¡Esto es todo! Ya no tengo que leer mi Biblia, ya no tengo que orar más porque soy el Pastor. Llegué a mi máximo y no hay nada más que hacer."

No, nosotros como cristianos entendemos que cada día es un nuevo desafío. Todos los días tenemos que orar más, leer y estudiar la palabra más. Nuestro éxito está en llegar a la meta, cuando caminamos hacia la eternidad y Jesús dice: "Siervo bueno y fiel ... ven...".

Porque oré ayer no significa que no necesito orar hoy o mañana.

Efesios 4:16 de quien todo el cuerpo, bien concertado y unido entre sí por todas las coyunturas que se ayudan mutuamente, según la actividad propia de cada miembro, recibe su crecimiento para ir edificándose en amor.

Tienes que seguir creciendo, seguir construyendo ... No te detengas. El éxito es una cosa continua, un proceso continuo. Estamos en una batalla y cada batalla que ganamos damos un paso más, acercándonos hacia poder ganar la guerra.

¿Quieres éxito en tu vida?
Si lo deseas, la pregunta siempre es igual:

Qué es el Secreto del Éxito

Quiero darte tres puntos sobre cómo tener éxito en tu vida.

Tres puntos.

Pero quiero que entiendas que estos puntos son principios fundamentales. Con esto quiero decir que la vida es complicada y que las personas y las situaciones no son siempre las mismas. A veces es fácil dar 1, 2, 3 pasos y pensar que eso es todo lo que tengo que hacer. No, la vida no funciona de esa manera.

Lo que compartiré contigo es una base: es algo que tienes que encajar y moldear en tu experiencia y situación de su vida personal.

Sé que es fácil para mí pararme aquí y decir: todo lo que tienes que hacer es 1,2,3 y eso es todo. Pero hay muchas cosas en su vida que son diferentes a la mía, y de todos los demás. Sí, tenemos similitudes, pero no todo en nuestras vidas es exactamente lo mismo.

La Biblia habla de 30, 60, y 100: yo puedo estar funcionando a los 30 y Ud. puede estar funcionando a 100. Yo solo puedo correr a los 30 porque para mí, ahora mismo, esa es mi capacidad - es mi 100%.

Estoy trabajando para mejorar, aumentar mi fortaleza, fortalecer mi fe, ser transformado diariamente por el poder del espíritu de Dios, pero en este momento, estoy corriendo a los 30.

Así que quiero que seas consciente del hecho de que estos tres puntos tienen que caber en su vida, no trate de correr la carrera de otra persona - ejecuta el suyo. Trabaja en tu vida, crea tus propios sueños y metas. Busca y encuentra tu propósito en la vida, y sobre todo - deja que Dios te revele cuál es su voluntad para tu vida.

ESTAR CONSCIENTE

Entonces, ¿cómo puedo ser exitoso? Esto es lo que las gentes quieren saber.

¿Cuál es el secreto del éxito?

Para los propósitos de este mensaje, lo dividiremos en tres cosas:

1. Tienes que estar consciente

Consciente: es un adjetivo; lo empleamos para referirnos a alguien que está en pleno uso de sus sentidos y facultades mentales, es decir, que tiene conciencia total acerca de lo que siente, piensa, dice, quiere o hace.

Si tuviera que ponerlo en mis propias palabras, diría: despierto, alerta, calculado, todo lo que haces es intencional y con un propósito. No se deja nada al azar (la suerte), piensas antes de actuar o reaccionar.

La pregunta es: ¿cómo puedo tener éxito en mi vida?

Ok, pues vamos a presentar solamente tres ejemplos que son esencial a la vida diaria.

La Salud: todos podemos estar de acuerdo en que su salud es una de las cosas más importantes en su vida y gran parte de tu salud depende de tu dieta.

Créalo o no, todos tenemos una dieta.
Algunos de nosotros tenemos una "todo lo que veo, me lo como" dieta. No somos conscientes de lo que comemos, cuando comemos, cuánto comemos, bueno, entiendes la idea.

Aunque sabemos que nuestra salud es esencial a nuestra manera de vivir - No pensamos, simplemente comemos - actuamos.

Pero los que tiene éxito en su salud, tienen éxito en su dieta.
La dieta: de hecho, es tener conciencia de lo que tragas. Con esto quiero decir que piensas antes de comer, eres consciente de las calorías y mucho más.

Cuando mi esposa comenzó su dieta algunos años atrás, no solo pensó en comer meno, sino que también pensó en la frecuencia que comía.

Pensó en las vitaminas que necesitaba, la cantidad de agua que tenía que beber y qué alimentos eran buenos para sí. No podía comer lo que le daba la gana,
ella tenía una lista de cosas que no podía comer - Ah Dios mío, ella me volvía loco. Yo no pensaba en eso, yo solo quería comer. Cuando quería comer, y lo que sea no me importaba.

Pero mi esposa a través de su éxito en su dieta, fue capaz de controlar su alta presión arterial y disminuir sus problemas con su azúcar porque estaba alerta, era consciente de lo que estaba haciendo y tenía que hacer.

El Secreto del Éxito

Las finanzas: Sus finanzas dependen de cómo administre su dinero: la mayoría de nosotros lo llamamos presupuesto.

Al igual que una dieta, todos tenemos un presupuesto. La mayoría de las personas tiene un presupuesto que va más o menos así: Gasto el dinero sin pensar. Su gasto está sujeto a caprichos, emociones, tratando de ser como los demás, compra imprudentemente, se deja llevar por la envidia, avaricia, etc.

Con este presupuesto usualmente la gente se pregunta por qué nunca tienen suficiente. Siempre preguntando a dónde se me fue el dinero y por qué no puedo cumplir y alcanzar mis sueños.

El hecho de que no tienen ninguna idea de a dónde se le fue el dinero es evidencia de que no son conscientes de lo que están haciendo. Pero los que tiene éxito en sus finanzas, tienen éxito con su presupuesto.

Un presupuesto: un presupuesto comienza con establecer un objetivo o un sueño. Tienes una idea de cuánto necesitas para alcanzar ese objetivo. Usted sabe cuánto gana y dónde debe ir cada dólar.

Siempre estás pensando en cada centavo que gastas. Algunos podrían llamar a esto como ser barato (* duro), pero eso es porque no tienen idea de cómo gastan su dinero. No manejan su dinero como las personas que tienen éxito con sus finanzas.

Mi esposa y yo muchos años atrás trabajábamos en el banco como cajeros de banco. Ella y yo podemos contarle acerca de los ancianos que venían al banco y con cientos de miles de dólares en su cuenta; discutirán con usted acerca de algunos centavos. (* te pelean por cada "penny")

Yo algunas veces pensaba en sí, que eran baratos, "duro". Pero más tarde, cuando supe más de la vida, aprendí que ellos simplemente estaban manejando su dinero.

Usted y yo tiramos centavos, lo botamos. Gastamos cinco dólares en una taza de café (Starbucks). Compramos autos nuevos cada dos años si podemos y tenemos poco o nada en el banco.

Pero ese anciano, que pasó y vivió en la era de la gran depresión, tiene dinero en el banco, paga sus facturas a tiempo y se va de vacaciones, a pesar de que usted y yo los consideramos baratos y duros.

¿Cómo tuvieron éxito financiero?

Estas personas eran conscientes de cada centavo, cada dólar, todo lo que tenía que ver con sus finanzas.

Yo sé que el dinero es un tema delicado. Las personas tienen muchas opiniones, creencias y pensamientos diferentes cuando se trata con el asunto de dinero.

Todo lo que quiero decir es, para tener éxito hay que ser consciente de qué es lo que quiere, y ir por ella. Tienes que trabajar, luchar y sacrificar para lograrlo sus sueños.

El Secreto del Éxito

¿Pero lo espiritual? Uno no puede tener éxito sin Dios. Yo soy cristiano y yo se que sin fe, na es posible. Cierto, es verdad. Créelo, yo también soy cristiano. Yo sé lo que dice la biblia:

Mateo 16:26 Porque ¿qué aprovechará al hombre, si ganare

todo el mundo, y perdiere su alma? ¿O qué recompensa dará el hombre por su alma?

Pues vamos hablar de la fe.

Hay algunos que simplemente pasan por la vida, no piensan en su salud hasta que es demasiado tarde. No piensan en sus finanzas hasta que es demasiado tarde. No piensan en nada: hacen lo que sienten, cuando quieren y cómo les da la gana. Y estas mismas personas - ellos hacen lo mismo con Dios.

Voy a la iglesia cuando puedo. Oro cuando puedo.
Leo mi Biblia cuando encuentro tiempo.

Dicen cosas como - Oh pero usted toma la iglesia muy en serio. O, hermano no tienes que ser tan dedicado (o fanático).

Y tarde o temprano los encuentras preguntándose:
¿Por qué las cosas no cambian para mí?
¿Por qué mi vida no mejora?
¿Por qué siempre me encuentro haciendo ...

Pero el cristiano que tiene éxito ...
Yo no estoy diciendo que nunca falla o no tiene problemas. Estoy hablando de aquel cristiano que sabe:

1 Pedro 5:8 Sed sobrios, y velad; porque vuestro adversario el diablo, como león rugiente, anda alrededor buscando a quien devorar;

Ese cristiano siempre está consciente de que hay un enemigo, que hay peligro. Siempre está velando. Siempre está pensando en lo que debe hacer para cuidarse, y para estar preparado.

2 Pedro 1:5-7 vosotros también, poniendo toda diligencia por esto mismo, añadid a vuestra fe virtud; a la virtud,

conocimiento; 6 al conocimiento, dominio propio; al dominio propio, paciencia; a la paciencia, piedad; 7 a la piedad, afecto fraternal; y al afecto fraternal, amor.

Siempre está velando porque Jesus dijo:

Mateo 26:41 Velad y orad, para que no entréis en tentación; el espíritu a la verdad está dispuesto, pero la carne es débil.

SER CONSISTENTE

¿Que estoy haciendo? ¿Porque lo hago? ¿Es beneficial para mi alma? Estoy orando, estoy leyendo, estudiando y practicando la palabra en vi vida. Yo quiero tener éxito en mi vida, en mi caminar con Cristo.

1. El Secreto del Éxito es estar consciente, alertó, ser calculado, ser intencional.

Pero ser consciente no es suficiente. Para tener éxito en su vida también necesita:

2. Tienes que ser consistente

Consistente: actuando o haciendo de la misma manera con el tiempo - no hay variancia, es firme.

Se recuerda la salud y la necesidad de una dieta. Una dieta requiere, que usted constantemente haga las mismas acciones, las mismas acciones todos los días. En el momento en que te detienes, rompe esa rutina, ud. mismo te preparas para el fracaso.

Una vez que rompes la rutina, la tendencia es romperla una y otra vez hasta que nunca regreses.

Una de las razones por las que las personas fallan en las dietas es porque siempre encuentran una razón para romperla. Es solo esto. Es solo por hoy. Comenzaré de nuevo la próxima semana, el próximo mes, el próximo año.

Una estadística dice que el 95% de las personas que comienzan dietas fallan. También dice que las personas que comienzan la dieta y pierden peso, recuperan todo el peso en cinco años.

¿Quiénes son los que tiene éxito y por qué?

Las personas que Ud. conoces que han perdido peso, que han luchado contra diabitis porque han cambiado la forma en que comen. Solo pudieron hacer eso porque eran conscientes de lo que comían. Y ellos solo mantienen el peso, mantienen la diabetes bajo control y mantienen su salud bajo control porque son consistentes.

Día a día, mes a mes. Todo el año, todos los años. Incluso durante la acción de gracias, sí, incluso durante Navidad y el Año Nuevo. Es parte de su vida, como el respirar, lo haces todo el día todos los días.

Tienen éxito y mantienen el éxito porque es una parte constante de sus vidas. No cambian, son constante, consistente.

Se puede también decir lo mismo con sus finanzas. Solo puede tener éxito en las finanzas si es consistente el lo que haces.

Un Presupuesto: a la gente le encanta el idea de tener dinero. Sueñan con tomarse vacaciones, comprar una casa nueva y si -

tambien quieren ahorrar dinero para poder donar al fondo de misionero.

Pero debido al juego de "empieza y para", usted conoce ese juego. Comienzan a ahorrar dinero y tan pronto como tienen un poco en el banco, comienzan a encontrar "razones" para gastarlo.

Ya sabes, cariño, sé que necesitamos este dinero para las vacaciones de nuestros sueños, pero yo podría usar zapatos nuevos. Son solo 30 dólares. Si me amas me lo compras.

Ya has escuchado la canción: son solo 20 dólares, son solo 50 dólares, es solo esta vez. Podemos volver a ahorrar dinero la próxima semana, el próximo mes y el próximo año.

Y nunca creas que se trata de cuánto ganas. La verdad es todo acerca de cómo lo gastas, y lo administra.

Cariño, ¿cómo es que nunca podemos ir a nuestras vacaciones de ensueño? Usted siempre dice que nunca tenemos suficiente dinero, ¿no estamos ahorrando dinero? (Y empieza el discurso - la pelea.)

¿Está realmente ahorrando dinero si ahorro 10 dólares hoy y saco 5 mañana?
¿Puedo ahorrar dinero si lo que hago es alcanzar 100 dólares en el banco y encuentra un motivo para tocarlo, porque siempre hay una razón para tocarlo.

Ni siquiera sé por qué trato de ahorrar dinero, así que me voy a detener, a renunciar. ¿Cual es el punto?

¿Quienes son los que tiene éxito en sus finanzas?

Los que son constante, los que son consistente - son los que tienen éxito. Es fácil estar un poco celoso de las personas que tienen tantas bendiciones. ¿Por qué Dios los ha bendecido con tanto?

Lo que no vemos es que estas personas tienen éxito porque son consistentes en cómo manejan sus finanzas.

Mientras estoy enojado con ellos, porque no salen a comer conmigo todas las semanas. Mientras me siento tan mal por ellos, conducen ese auto de 15 años, qué triste. Y lo creo locura porque no puedo entender por qué esta persona tiene un buen trabajo, pero tiene una casa pequeña y sencilla.

No me doy de cuenta que estas personas son las que están ganando, que tienen éxito con sus finanzas.

No estoy diciendo que es malo tener un auto nuevo, una casa nueva y comer fuera o a divertirse al fin de la semana.

Lo que estoy diciendo es que decidieron sobre un presupuesto y quieren donar al ministerio misionero, quieren irse de vacaciones por dos semanas, quieren pagar la universidad de su hijo.

Lo que sea que quieran, ellos han hecho un presupuesto y nada, y nadie va a hacer que cambien su curso, que se detengan; van a ser consistentes todos los días hasta que logren su objetivo.

Consistente, sin cambiar. Ahora una emergencia es una cosa, pero los zapatos nuevos no son una emergencia, especialmente cuando tienes diez cajas llenas de zapatos en el close.

Y ahora que he enojado todas las mujeres vamos a lo espiritual.

¿Como puedo tener éxito en mi vida espiritual?

Si en mi dieta se necesita ser consistente. Y si tambien en mi finanzas necesitas ser constante - consistente en lo que hago. Es posible que también tenga yo que hacer lo mismo en lo espiritual.

Algunas personas se preguntan por qué las cosas no cambian para ellos. ¿Por qué las cosas no funcionan para mí?

Es fácil culpar rápidamente a Dios. Dios no me ama. Dios no quiere bendecirme. Posiblemente, creemos en las mentiras del diablo.

Pero a veces tú y yo somos el problema. Mi "objetivo" es por qué las cosas no funcionan para mi bien.

Efesios 4:14 para que ya no seamos niños fluctuantes, llevados por doquiera de todo viento de doctrina, por estratagema de hombres que para engañar emplean con astucia las artimañas del error,

Santiago 1:6 Pero pida con fe, no dudando nada; porque el que duda es semejante a la onda del mar, que es arrastrada por el viento y echada de una parte a otra.

Cada viento que sopla lo sigue. Como niños fluctuantes fácilmente engañados. Cualquier cosa que ocurre ya se quieren ir de la iglesia, quieren cambiar la verdad por la mentira y se apartan de los caminos de Dios.

¿Cómo evitar esto? ¿Cómo tener éxito en mi fe, en mi caminar con Dios?

1 Corintios 15:58 Así que, hermanos míos amados, estad

firmes y constantes, creciendo en la obra del Señor siempre, sabiendo que vuestro trabajo en el Señor no es en vano.

Constante - Consistente en mi oraciones. Consistente en mis estudios de la biblia.

Consistente en congregarme con los hermanos.
… constantes, creciendo en la obra del Señor siempre…

Soy igual en la iglesia como soy fuera de la iglesia.

Soy consistente - en lo malo, en la prueba y en lo bueno - no cambio, no doy reversa, no doy ni un paso para atrás.

EL SECRETO

Era 1960. Los trabajadores sin tierra, los Musahars, vivían en medio de un terreno rocoso en el remoto bloque Atri de Gaya, Bihar, en el norte de la India. En la comunidad de Gehlour, se los consideraba los más bajos de los más bajos en una sociedad dominada por las castas y se les negaba lo básico: suministro de agua, electricidad, una escuela, un centro médico.

Como todos los hombres de Musahar, Dashrath Manjhi trabajaba al otro lado de la montaña. Al mediodía, su esposa Phaguni le traía el almuerzo. Como no tenían camino, la caminata tomó horas por la montaña. Dashrath labraba campos para un propietario del otro lado. Extraería piedra. Y en unas pocas horas a partir de entonces, estaría cansado y hambriento.

Phaguni, la esposa de Dashrath, se preparó para su traicionero ascenso a la montaña. Envolvió los "rotis", llenó un recipiente con un curry fino y envolvió la comida en un trozo de tela. Cogió una olla pequeña de agua y se la puso en la cabeza. Sus hijos se sentaron a jugar junto a su cabaña en el pequeño asentamiento de Musahar a la sombra de la montaña.

Observaría y esperaría a Phaguni. Ese día, ella acudiría a él con las manos vacías, herida. Cuando el fuerte sol caía, Phaguni tropezó con una roca suelta y resultó gravemente herido. Su olla de agua se hizo añicos. Se resbaló varios pies y se lesionó la pierna. Horas después del mediodía, se acercó cojeando a su marido. Estaba enojado con ella por llegar tarde.

Pero al ver sus lágrimas, tomó una decisión. Decidió que no iba a esperar a que nadie resolviera sus problemas, iba a hacerlo él mismo.

CORTÓ LA MONTAÑA CON SOLO UN MARTILLO, UN CINCEL Y BARRAS

Dashrath compró un martillo, un cincel y una palanca. Tuvo que vender sus cabras, lo que significó un ingreso menor para su familia. Subió a la cima y comenzó a cortar la montaña. Años después, relataría,

"Esa montaña había hecho añicos tantas vasijas y se había cobrado tantas vidas. No podía soportar que hubiera lastimado a mi esposa. Si me tomara toda la vida ahora, nos abriría un camino a través de la montaña ".

Se corrió la voz por todas partes. Comenzaba temprano en la mañana, cortaba la montaña durante unas horas, luego trabajaba en los campos y volvía a trabajar en la montaña nuevamente. Apenas dormía. Los aldeanos gradualmente comenzaron a respetarlo y comenzaron a donar alimentos a su familia. Finalmente renunció a su trabajo asalariado y comenzó a pasar todo el tiempo que pudo, rompiendo la montaña.

Entonces, Phaguni cayó enfermo. El médico estaba en Wazirganj, que se encontraba justo al otro lado de la montaña, pero el camino que lo conducía tenía 75 kilómetros de largo. Incapaz de hacer el viaje, falleció. Su muerte no solo lo enfureció más, sino que lo estimuló a seguir adelante.

No fue una tarea fácil. A menudo se lastimaba con las rocas

que caían de la montaña inflexible. Descansaría y luego comenzaría de nuevo. A veces, ayudaba a la gente a llevar sus cosas por la montaña por una pequeña tarifa, dinero para alimentar a sus hijos. Después de 10 años, mientras Manjhi cortaba, la gente vio una grieta en la montaña y algunos vinieron a ayudar.

En 1982, Gehlour se llevó una sorpresa.

Manjhi atravesó esa última pared delgada de roca y caminó hacia el otro lado de la montaña. Después de 22 años, Dashrath Das Manjhi, el hombre común, el trabajador sin tierra, había roto la montaña: había tallado un camino de 360 pies de largo por 30 pies de ancho. Wazirganj, con sus médicos, trabajos y escuela, estaba ahora a solo 5 kilómetros de distancia. La gente de 60 aldeas de Atri podría utilizar su camino. Los niños tenían que caminar solo 3 kilómetros para llegar a la escuela. Agradecidos, comenzaron a llamarlo "Baba", el hombre venerado.

¿Qué Es El Secreto del Éxito?

El Secreto del Éxito Es.

1. Tienes que estar consciente

2. Tienes que ser consistente

Por Ende, terminó con el punto número tres.

Para tener éxito tienes que perseverar.

Para tener éxito en sus finanzas, con su salud y dieta, debe ser consciente de lo que quiere y de lo que debe hacer. Necesitas un plan. Necesita ejecutar su plan y en todo momento, tenga en cuenta lo que está haciendo.

¿Cómo me afecta esto?

¿Cómo afecta mis objetivos, mis sueños?

¿Esto me ayuda o me lastima?

Debe ser consciente, alertó, calculado e intencional en lo que hace. También debes ser consistente. Tienes que hacer lo que necesitas hacer cada día de tu vida. No se detiene, no se toma descansos, seguiré haciendo lo que me funcione.

Luego viene la última pieza: perseverancia.

3. Tienes que ser persistente - perseverar.

Hay momentos en la vida que te aturden (they knock you down), te golpean tan fuerte, de tal manera que no solo quieres rendirte, estás luchando y gritando para rendirte.

Pero tu no desmayas. No te rindas. Esté dispuesto a darlo todo, esté dispuesto a morir por su sueño, sus objetivos, su familia, su cónyuge. Comprende lo que estoy diciendo.

No es porque seas súper hombre o mujer. Es porque lo que buscas y deseas es tan importante para ti, que no tienes más remedio que seguir adelante, luchar, enfrentar cualquier obstáculo.

Mateo 24:13 Mas el que persevere hasta el fin, éste será salvo.

El último secreto del éxito.

Agárrate de Dios. Estad firme. Nunca te rindas. Si puedes creer, Jesús dijo que nada es imposible para los que creen. Así que espera en Dios, pase lo que pase - si quiere la victoria, si busca tener éxito, tienes que perseverar.

El Secreto del Éxito

1. Estar consciente
2. Ser consistente
3. Perseverar hasta el fin.

¿Qué es el fin, el resultado final?

Dios tiene muchas bendiciones para ti y para mí. Dios ha preparado un lugar para ti - en la eternidad. Yo no sé sus sueños, sus deseos - o lo que busca en su vida. Lo que yo sí sé es, que Dios quiere lo mejor para ti.

El secreto del éxito se encuentra en la Biblia - en la verdad de la palabra de Dios.

www.ingramcontent.com/pod-product-compliance
Lightning Source LLC
Chambersburg PA
CBHW050315220526
45465CB00005B/2009